# VIVE LE SPORT ?

## Pratique du sport et phénomène sportif

AUTREMENT JUNIOR | série "Société"

Nous vivons dans une société dont l'organisation est le fruit d'une histoire et dont le fonctionnement répond à des règles, qui évoluent sans cesse. Ces repères, essentiels pour vivre ensemble, sont présentés dans ce livre dans leur diversité. Des points de vue différents, la connaissance des lois et des usages permettront ainsi à chacun de se construire un avis personnel.

Collection dirigée par Anne de La Roche Saint-André et Brigitte Ventrillon

*Vive le sport ?*, Autrement Junior "Société"
Publié par les Éditions Autrement,
77, rue du Faubourg-Saint-Antoine, 75011 Paris
Tél. : 01 44 73 80 00 – Fax : 01 44 73 00 12

Direction artistique : Kamy Pakdel, studio Autrement

ISSN : 1269-8733 - ISBN : 978-2-7467-0806-X
Dépôt légal : avril 2006.
Imprimé et broché en France par Clerc S.A.,
18206 Saint-Amand-Montrond.

Conforme à la loi n° 49-956 du 16 juillet 1949 sur les publications destinées à la jeunesse.

# VIVE LE SPORT ?

## Pratique du sport et phénomène sportif

Texte de Mathilde Bricoune et Mélanie Perry

Avec une histoire de Sophie Dieuaide

Illustrations de Gianpaolo Pagni

# SOMMAIRE

## L'HISTOIRE Sophie Dieuaide

### Vive le sport !

Un petit coup de télé, un petit coup de console, une pause goûter et on recommence. Moi, je les aimais bien mes mercredis après-midi. Et mes samedis et mes dimanches aussi. Tranquille, tout seul. Mais j'ai vu que ça agaçait de plus en plus mes parents. Quand j'étais petit, ils aimaient beaucoup que je passe des heures sans embêter personne dans ma chambre avec mes legos. Mais j'ai grandi et, je ne sais pas vraiment pourquoi, ils ont soudain voulu que je me mette à bouger, à m'agiter.
– Moi, je faisais tellement de sport à ton âge ! s'est mis à me répéter régulièrement mon père. Et toi, Lucas, tu restes planté là, tu pourrais au moins inviter des copains !
Mais quand les copains sont venus, il a vu que ça ne changeait pas beaucoup le programme.
– Tous pareils ! Collés en permanence à un écran ! À votre âge, avec mes frères, on jouait au foot ! Sans arrêt !
Ils rouspétaient mais ils ne m'ont obligé à rien jusqu'à mes douze ans. Là, les ennuis, les vrais, ont commencé. Très exactement le jour où ma grand-mère fêtait au restaurant son départ en pré-retraite.
– Maman, lui a dit mon père, maintenant que tu as du temps libre… J'ai un grand service à te demander.
– Tiens, tiens, tiens… a fait ma grand-mère. Je pensais que vous attendriez quand même quelque jours !
– On a attendu, crois-moi ! a repris mon père. C'est Lucas… Le mercredi, le samedi et le dimanche, il est scotché à sa télé… Il faudrait lui trouver une activité physique, l'aider à choisir un sport qui lui convienne. Nous, on n'a vraiment pas le temps.
– Vous auriez pu le prendre ! en a profité pour critiquer mamie Chantal. C'est bien joli de travailler tout le temps, mais il faudrait y réfléchir avant d'avoir des enfants…
Mon père a soupiré, ma mère a reposé bruyamment sa fourchette, j'ai cru que j'étais sauvé. Mais soudain, ma grand-mère a éclaté de rire.
– Je relève le défi ! s'est-elle écrié. Je vais en faire un champion de notre Lucas !
Le mercredi suivant, quand elle est arrivée chez nous, je n'étais même pas levé. Elle a lâché sur mon lit le magazine municipal, bien ouvert à

la page : Vive le sport ! Sur les photos, ça courrait, ça sautait, ça combattait, ça se poursuivait, ça lançait, ça brossait même des poneys.
– Regarde comme tous ces enfants ont l'air heureux !
– Évidemment, ai-je grogné avant de replonger dans mon oreiller. C'est de la pub pour leurs clubs, ils vont pas nous montrer les gosses en train de pleurer la jambe cassée, ou de se faire mordre par un poney enragé !
Elle n'a même pas répondu, elle a tiré ma couette.
Magazine en main, elle a foncé sur le téléphone. Je finissais à peine mon petit déjeuner que son programme était prêt. À 11 heures, gymnase du Centre, club de judo ; à midi, gymnase toujours, club de badminton ; à partir de quinze heures, club hippique. Avec elle, je n'ai pas protesté comme je l'aurais fait avec mes parents. Et puis, elle avait ajouté en bas de sa feuille : 13 heures, MacDo ?
Dans les vestiaires du judo, ça ne sentait pas très bon. D'ailleurs, je l'ai dit à ma grand-mère.
– Pince-toi le nez et avance ! m'a-t-elle répondu.
Elle avait obtenu du moniteur que je fasse une séance d'essai. J'avais l'air d'un guignol en jean et en chaussettes au milieu de ces filles et ces garçons en *judogi* impeccables. Je me suis assis en tailleur comme eux et j'ai attendu. C'était long, le moniteur expliquait un *ashi waza*. J'ai rien compris, c'était presque tout en japonais. Devant lui, deux grands s'étaient proposés pour la démonstration. Ils se tenaient par la veste, ils tentaient des croche-pattes, et le plus léger a fini par tomber. Passionnant. Ensuite, on a tous dû se lever et essayer deux par deux. Je n'aimais pas la tête du mien. Son sourire non plus. Mais je ne l'ai pas vu très longtemps ; assez vite, il m'a envoyé à plat ventre sur le tatami.
Je suis allé aussitôt retrouver ma grand-mère, le moniteur ne m'a même pas remarqué.
– Ben, où tu vas ? a protesté mon adversaire.
– Trouve-toi une autre victime ! lui ai-je répondu sans me retourner.
Là, mamie Chantal m'a étonné. Me tendant déjà mon blouson, elle m'a dit :
– Tu as raison, mon Lucas. Ces gens ne sont pas très accueillants pour ta première séance !
– Mamie… me mettre par terre, c'est quand même la règle du jeu…
– Il n'empêche ! Il n'empêche !
Et on est allés directement en salle de badminton, bondée de joueurs. Chacun sa raquette, ça, c'est normal, mais ce qui m'a intrigué, c'est qu'ils avaient aussi chacun un volant.

– Au moins, comme ça, ai-je fait remarquer à ma grand-mère, ils sont sûrs de tous marquer des points !
– Lucas, pas de mauvais esprit, a grogné mamie. Tu vois bien qu'ils s'entraînent au service !
La professeur était très agréable. Elle est venue tout de suite vers nous avec un grand sourire.
– Une raquette ? a-t-elle proposé à ma grand-mère.
– Pour moi ? Ah, non, non, non… a dit mamie. C'est pour le petit !
– Alors, deux raquettes ! a tranché joyeusement la prof.
Agréable mais collante. Elle ne nous a pas lâchés pendant une heure. Elle nous a trouvé deux adversaires (mamie, en chaussettes, était déchaînée) et elle a commenté tous nos gestes (surtout les miens) du bord du terrain.
– Recule ! Avance ! Lève la tête ! Tendu, le bras ! J'ai dit « tendu » ! Mais plie les genoux ! Saute ! Saute !
J'avais l'impression d'être le personnage d'un de mes jeux de console et que la prof tenait la manette.
Quand on est repartis, mamie avait l'air ravi :
– Alors ? Va pour le badminton ? Qu'en dis-tu ?
– Crevant !
– Oui, oui ! Mais c'est amusant, non ?
– Non.

Mamie a fait un peu la tête devant son hamburger. J'ai fini mes frites pas assez salées en silence, elle réfléchissait. Et puis, j'ai vu qu'elle retrouvait peu à peu le sourire.
– J'ai bon espoir avec l'équitation ! a-t-elle soudain lancé. Là, c'est différent, même si tu n'as pas l'esprit de compétition, ça peut t'intéresser ! Je n'en ai jamais fait, mais j'imagine que le rapport à l'animal doit être très, très enrichissant.
– Justement, c'est ça qui me gêne dans l'équitation ! ai-je répondu.
– Ça quoi, mon chéri ? m'a-t-elle fait répéter en me volant une frite.
– L'animal !
Je n'avais pas dit ça que pour l'agacer, je le pensais. Et d'ailleurs, ça s'est confirmé. Au club hippique (à des kilomètres !), j'ai tout de suite vu qu'entre moi et les poneys, le courant ne passerait jamais. Le cours a commencé par une séance interminable de brossage pas trop propre, et en plus, j'étais affublé d'un casque, une bombe ça s'appelle, un truc à attraper des poux. Et mon poney tirait sur sa corde et il bavait et il n'arrêtait pas d'essayer de me donner des

coups de sabots en traître et là, j'en ai eu marre et je me suis énervé d'un coup :
– Je veux rentrer ! ai-je crié. J'en ai ras le bol ! Je ne ferai pas de sport et je veux qu'on me laisse tranquille !
Ma grand-mère m'a déposé en bas de notre immeuble, elle n'a même pas arrêté le moteur de sa voiture. Je me disais que tant pis, elle bouderait quelques temps et qu'elle oublierait. Mais je n'avais pas fait trois pas qu'elle a baissé sa vitre pour me crier : « À mercredi, dix heures ! »
Foot, handball, tennis, ping-pong et j'en oublie... ah oui, canoë-kayak (en novembre !) et natation et escrime. Pendant deux mois, de mercredi en mercredi, on a tout essayé. Mamie était aussi plus raisonnable, un essai par mercredi et seulement l'après-midi, et moi, je faisais attention d'éviter les réflexions, je ne disais plus : « C'est nul ! », je disais : « Je vais réfléchir... ». Quand mes parents posaient des questions, elle répondait sans explications : « Je m'en occupe ! » Le mercredi avant les vacances de Noël (rugby), je l'attendais en bas de notre immeuble. C'est bizarre, j'étais... comment dire... impatient. Pas impatient d'essayer le rugby ! Franchement, moi, les grosses brutes, le nez dans la boue... Non, impatient de voir arriver sa voiture au coin de la rue. Avec un quart d'heure de retard, elle a fini par se garer. Mais quand elle a ouvert la portière, j'ai cru que je rêvais. Ma grand-mère à moi s'est extirpée de son siège en faisant bien attention de ne pas froisser son tout neuf, son très blanc, son très voyant jogging blanc !
– Juste un bisou et je file, mon Lucas. Désolée d'annuler le rugby mais j'ai d'autres projets pour l'après-midi ! Lundi, tout à fait par hasard, je suis tombée sur la professeur de badminton... Tu te souviens de cette charmante jeune femme ?
Je me souvenais.
– Elle m'a convaincue ! Je commence à 16 heures !
Et comme preuve, elle a vite attrapé sa nouvelle raquette (blanche aussi) sur la banquette arrière.

Bon, on ne peut pas dire que je suis passionné-passionné. Mais mes parents sont contents que je me sois inscrit aussi. Vous auriez trouvé une autre solution pour continuer à la voir tous les mercredis, vous ? Et puis, dans un mois, on a un tournoi des débutants, seniors contre juniors. Ça, ça m'amuse ! Elle a intérêt à faire chauffer sa raquette, mamie Chantal !

# "Le sport, qu'est-ce que c'est ?"

## Définition

Le mot sport apparaît au XIXe siècle et vient de l'ancien français *desport* qui signifiait « divertissement ». Jusque-là, on pratiquait des jeux et des activités physiques (la lutte, le jeu de paume, etc.) qui étaient très populaires, mais dont les règles pouvaient changer d'une partie à l'autre et d'un endroit à un autre. C'est depuis le XIXe siècle, avec l'apparition des fédérations internationales, que les sports obéissent à des règles très précises, fixes et respectées dans tous les clubs du monde. C'est aussi à cette période que les performances des athlètes ont commencé à être évaluées, notées, et qu'est apparue la notion de « record ».

**C'est du sport ?**
Un art comme la danse, un jeu d'adresse comme le billard ou de stratégie comme les échecs font partie des sports reconnus officiellement. Mais courir pour attraper le bus, faire du vélo pour aller à l'école, est-ce que c'est du sport ?

**Rencontres virtuelles**
La Fédération française des sports vidéo, qui réunit acteurs et passionnés de jeux vidéo, regroupe 80 clubs sportifs virtuels. Elle organise plus de 400 tournois par an, avec 900 licenciés et 12 000 joueurs classés.

**Le sport en France**
En 2005, 83 % des Français de 15 à 75 ans pratiquaient une activité physique (INSEE) et les 2/3 des adolescents pratiquaient un sport en plus des cours d'EPS.

*"Mauvais joueur!"*

## L'esprit sportif

La pratique d'un sport est basée sur des règles, mais aussi sur une série d'attitudes qui définissent ce qu'on appelle « l'esprit sportif ». Avoir l'esprit sportif, « être sport », cela signifie ne pas tricher, accepter l'échec, respecter son adversaire ainsi que le règlement et les décisions de l'arbitre. Dans une certaine mesure, ce respect des règles et des autres est proche des comportements que la société attend des citoyens et qui sont définis par les lois. Comme dans la société, où les lois ne sont pas toujours respectées, l'esprit sportif n'empêche pas certaines dérives comme la tricherie, la violence ou le dopage, qui font aussi partie de la réalité du sport. L'esprit sportif, c'est un idéal.

**Un droit pour tous**
L'Unesco, dans sa Charte sur le droit à l'éducation physique et au sport, déclare que « la pratique de l'éducation physique et du sport est un droit fondamental pour tous », et qu'ils « enrichissent les rapports sociaux et développent l'esprit sportif (*fair-play*) qui, au-delà du sport lui-même, est indispensable à la vie en société ».

**Autres temps, mêmes mœurs?**
En 332 avant J.-C., Callipos l'Athénien donne de l'argent à ses adversaires pour qu'ils le laissent gagner le pentathlon, un concours sportif qui comportait cinq épreuves.

**Exceptions à la règle**
Il existe des sports ou des clubs qui ne sont pas affiliés à des fédérations. Il existe aussi parfois deux fédérations. Ainsi, aux États-Unis, deux ligues de base-ball – l'*American* et la *National* – coexistent, sans avoir les mêmes règles du jeu!

# *"J'adore les cours de sport"*

## Éducation physique et sportive

L'EPS est une matière obligatoire de la maternelle jusqu'au lycée. L'idée que la pratique du sport a un effet positif sur la formation des jeunes est largement partagée. L'Union européenne avait même fait de l'année 2004 l'« année de l'éducation par le sport ». Mais certains pensent que l'EPS devrait être enseignée différemment. Jean-Marie Brohm, professeur d'EPS et chercheur, est contre cet enseignement basé sur le « barème sportif » (l'ensemble des éléments pris en compte pour évaluer les résultats de chacun), la performance et le chronomètre. Il préférerait que l'éducation physique permette d'apprendre à connaître son corps, par la pratique d'arts chorégraphiques par exemple, plutôt que d'initier les élèves aux sports de compétition, car le corps n'est pas une simple machine à produire des performances.

**L'éducation selon Montaigne, en 1572**
« Les jeux mêmes et l'exercice seront une bonne partie de l'étude : la course, la lutte, la musique, la danse, la chasse, le maniement des chevaux et des armes. [...] Ce n'est pas une âme, ce n'est pas un corps qu'on dresse, c'est un homme. » (*Essais*, livre I, chap. XXVI)

**Mixité ?**
En classe de sixième, 93 % des cours d'EPS sont mixtes contre 52 % en troisième.

**L'éducation physique contre l'obésité**
Un journal de Montréal rapporte une proposition des éducateurs physiques québécois pour lutter contre l'obésité : remplacer les cours d'éducation morale et religieuse (obligatoires au Québec) par des cours d'éducation physique. (*Le Devoir*, 15 septembre 2005)

# *"Moi, j'aime pas perdre !"*

## La compétition

La compétition sportive, c'est l'affrontement d'individus ou d'équipes, organisé pour déterminer qui est le meilleur. Le sport de compétition est fondé sur l'égalité des chances : les sportifs doivent appartenir à la même catégorie. La compétition fait presque toujours partie du sport, même lorsque l'on joue entre amis ou en famille. On joue donc pour participer, mais aussi pour gagner. Gagner quoi ? De l'argent ? Seuls les sportifs professionnels sont rémunérés, et plus ou moins selon la popularité du sport. Alors pourquoi est-ce que les hommes s'affrontent « pour rien » dans le sport ? Pour la gloire ? Les éthologues, comme Konrad Lorenz, qui étudient le comportement des animaux, ont remarqué que c'était une spécificité de l'homme : « Entrer en compétition sans nécessité. »

**Le stress !**
Les pédiatres dénoncent la pression excessive de la compétition sur les enfants. Chez certains jeunes joueurs, pleurs ou colères (jets de raquette, injures...) sont des signes que la compétition est parfois une souffrance.

**La compétition, c'est pour les jeunes et les hommes ?**
En France en 2000, parmi les sportifs qui font de la compétition, 76 % étaient des hommes, et 50 % avaient entre 15 et 30 ans.

**Match nul obligatoire**
L'ethnologue Claude Lévi-Strauss a décrit en 1962 une sorte de football pratiqué dans une tribu de Nouvelle-Guinée. Les deux camps jouent pendant plusieurs jours, jusqu'à ce qu'ils aboutissent au match nul, et ceci « en autant de parties qu'il est nécessaire ».

1
2
3

# "C'est bon pour la santé ?"

## Sport et santé

La vie moderne et sédentaire suscite moins l'activité physique, faisant même passer cette dernière pour un loisir plutôt que pour une nécessité. L'Organisation mondiale de la santé (OMS) constate ainsi que 60 % des adultes dans le monde ne font pas suffisamment d'exercice. Or une activité physique régulière, même modérée, diminuerait le nombre de décès prématurés. C'est pourquoi de nombreuses organisations nationales et internationales proposent des programmes de promotion de l'activité physique. Cependant, il ne suffit pas de faire du sport pour être en bonne santé. Le sport peut même avoir des effets néfastes. L'ampleur du dopage, les accidents du sport et la vie plus courte des sportifs de haut niveau montrent que les liens entre santé et sport sont plus complexes qu'il n'y paraît.

**Pas de muscu avant d'être grand !**
Jusqu'à l'âge de 6 ans, la faiblesse de l'appareil cardio-vasculaire et des muscles ne permet pas de pratiquer certains sports. La musculation, par exemple, est une activité trop violente pour l'organisme en construction. Vélo, natation, danse et judo sont des activités recommandées pour l'acquisition de l'adresse et de l'équilibre.

**La médecine du sport**
Thierry Hermerel est le médecin officiel de l'équipe de France de rugby. Son travail consiste à soigner les joueurs, mais aussi à évaluer le temps de repos nécessaire en cas de blessure et à veiller à ce que les joueurs ne s'entraînent pas de manière trop intensive.

**Les sportifs ne vivent pas forcément plus vieux !**
En 1972, une étude de l'université d'Harvard a comparé des groupes de sportifs de haut niveau, de sportifs de niveau moyen et des non-sportifs. Cette étude a révélé que les sportifs de haut niveau avaient la durée de vie la plus courte, notamment à cause de maladies cardio-vasculaires.

## *"Ça coûte cher un footballeur !"*

# L'argent

Le sport peut à la fois coûter et rapporter beaucoup d'argent. Les chaînes de télévision, par exemple, sont prêtes à payer cher les fédérations sportives pour obtenir le droit de retransmettre les événements les plus regardés (le football représente à lui seul 46 % des manifestations sportives retransmises). Mais elles gagnent en retour des sommes considérables, grâce à la publicité qu'elles diffusent à ces moments de grande écoute.
Dans les sports très populaires, les athlètes réputés ont souvent des « sponsors », c'est-à-dire des entreprises qui les payent pour utiliser leur image et valoriser leur marque. Les sportifs s'achètent aussi. Ainsi les clubs les plus riches versent-ils d'importantes sommes d'argent à d'autres clubs pour attirer leurs athlètes. Il est donc souvent difficile pour les clubs pauvres de garder leurs sportifs et d'être compétitifs dans les grands tournois.

**Le prix de la publicité**
En 2002, pour la Coupe du monde de football, TF1 a proposé à quatre annonceurs ou marques de devenir « sponsors officiels » pour 2,3 millions d'euros. Trente secondes de publicité pendant la mi-temps de la finale étaient facturées 100 000 euros !

**La corruption**
En 1993, le club de football l'Olympique de Marseille a payé des joueurs du club de Valenciennes pour qu'ils les laissent gagner le match. Le club a été rétrogradé en deuxième division et les personnes responsables ont été condamnées à diverses peines.

**Les meilleurs joueurs à tout prix !**
Le Real Madrid, club de football dont les revenus ont été de 221 millions de dollars en 2002, paie cher la composition de son équipe : Beckham, Zidane et Ronaldo sont les trois footballeurs les mieux payés du monde.

## "Le dopage, c'est de la triche !"

# Le dopage

Ces dernières années, des sportifs professionnels ont avoué s'être dopés dans le but de remporter la victoire et de gagner de l'argent. Ces sportifs subissent la pression des entraîneurs et des sponsors, qui ne pensent qu'à la victoire, même au prix de leur santé. Ils sont souvent peu informés du danger de ces drogues. Et comme cette pratique est illégale, ils ne peuvent pas en parler. Mais elle est si répandue que les dopés considèrent qu'il n'y a plus de « triche ». Une nouvelle question se pose alors : où commence le dopage ? Au fur et à mesure que la science avance pour détecter les substances interdites, de nouvelles drogues qui échappent aux analyses sont créées. Aujourd'hui, la loi française tente de permettre une meilleure information sur les dangers du dopage et de punir les responsables sportifs, médecins ou entraîneurs.

**Les procédés dopants**
Il s'agit de techniques ou d'interventions qui transforment le corps. Ainsi, dans l'Allemagne de l'Est et la Russie (URSS) des années 1970-1980, on provoquait des grossesses chez les sportives afin d'augmenter leur taux d'hormones et de les rendre plus fortes. Ces femmes subissaient ensuite un avortement.

**Fort comme un bœuf**
Dans l'Antiquité, le dopage existait déjà. Il était ainsi recommandé aux athlètes, pour augmenter leurs performances, de manger le cœur de certains animaux. Par exemple, manger le cœur d'un bœuf revenait à s'approprier sa force.

**La NBA malade du cœur**
La ligue américaine de basket est frappée par un mal étrange : l'hypertrophie cardiaque, qui peut provoquer des infarctus. Alors que les entraîneurs parlent de malformations du cœur, le nombre anormalement élevé de cas d'hypertrophie laisse soupçonner une utilisation de produits dopants.

## *"C'est pas vraiment sérieux, le sport !"*

# Le phénomène sportif

Aujourd'hui, le sport représente un enjeu économique et médiatique considérable. Les 64 matchs de la Coupe du monde de football de 1998 ont réuni 32 milliards de téléspectateurs – en audience cumulée – dans le monde, faisant de ce tournoi l'événement le plus regardé de l'histoire. Pourquoi le sport occupe-t-il une place aussi grande dans la société ? Certains chercheurs (comme Redecker et Jantzen) pensent que l'univers sportif ressemble à une religion : les supporters seraient des fidèles, les sportifs seraient des dieux, les victoires et les records deviendraient des mythes. La passion du sport n'est cependant pas nouvelle. Le poète Juvénal, au IIe siècle avant J.-C., disait déjà que le peuple romain n'avait que deux passions : « Le pain et les jeux. »

**Presse sportive**
*L'Équipe*, journal spécialisé dans le sport, est le quotidien le plus vendu en France (385 000 exemplaires vendus chaque jour). Aux États-Unis, une enquête a montré que 33 % des lecteurs de la presse quotidienne ne lisent que les pages sportives.

**Les héros nationaux**
Après la victoire de la Coupe du monde de 1998, le président de la République a remis aux vingt-deux joueurs de l'équipe de France ainsi qu'à leur entraîneur la médaille de chevalier de la Légion d'honneur.

**Le sport, c'est politique ?**
En 1978, des milliers de personnes se réunissent pour boycotter la Coupe du monde de football organisée en Argentine. Ils utilisent ce grand événement sportif pour alerter l'opinion sur la politique dictatoriale du général Videla.

*"Le sport, ça rend fou !"*

# Les supporters

En soutenant leur club, les supporters renforcent leur sentiment d'appartenance à un territoire et à une communauté, représentés par leur équipe ; il leur arrive d'ailleurs de dire « nous » en parlant des joueurs. Certains de ceux qui vont au stade ont des rituels : chants, vêtements aux couleurs du club, tribunes attitrées… Une partie d'entre eux utilisent le sport pour se laisser aller à des dérives violentes. Ils appartiennent parfois à des groupes assez extrémistes, comme les hooligans, les Siders ou les Ultras en Europe et les Barras en Amérique latine, pour le football. Dans ce cas, la passion peut se transformer en haine de l'adversaire, et les violences verbales et physiques envers les joueurs ou les arbitres sont nombreuses, bien que condamnées par la majorité des supporters.

**Débordements meurtriers**
Le 29 mai 1985, la mort frappe le stade du Heysel à Bruxelles. Fuyant une charge des hooligans anglais, des supporters italiens et belges se retrouvent coincés à l'extrémité d'une tribune. Des dizaines de personnes seront piétinées, jusqu'à ce que les grilles et un mur cèdent sous le poids. Bilan : 39 morts et plus de 600 blessés.

**Manchester United**
Ce club de football compte le plus grand nombre d'associations de supporters et rassemble 75 millions de fans dans le monde.

**Le roi football**
Différentes raisons expliquent l'extrême popularité du football. Pour Andy Roxburg, directeur technique de l'UEFA (Union des associations européennes de football), « la simplicité du football, qui se pratique avec n'importe quelle balle, sur tout type de terrain, tout en permettant de multiples mouvements, explique son immense popularité ».

# *"Je me dépense !"*

## Le sport et le corps

Même immobile, le corps travaille pour se maintenir à une température de 37 °C et faire fonctionner nos organes. Faire du sport représente donc un effort supplémentaire au cours duquel le corps transpire, se déshydrate et puise dans ses réserves d'énergie. C'est la nourriture qui fournit au corps les substances énergétiques nécessaires à l'activité physique, à la production de chaleur et à la construction des cellules et des muscles. Lorsque l'on fait un effort physique, une machinerie complexe se met en route : les hormones, des substances sécrétées par les organes, interviennent pour que le corps s'adapte à la brutalité de l'effort. C'est le cas de la vasopressine, qui permet de limiter les pertes en eau et en sel, et de l'endorphine, qui a un rôle d'anti-douleur.

**Boire et transpirer**
La transpiration refroidit le corps et entraîne une diminution de l'eau qu'il contient. Il faut donc bien s'hydrater avant, pendant et après un exercice physique, car un déficit trop important peut provoquer une hyperthermie (la température du corps monte trop haut), qui peut être mortelle !

**Des lipides en réserve**
Le corps utilise d'abord les sucres disponibles (les glucides) avant de puiser dans les graisses (les lipides). Ce processus naturel permettait à nos ancêtres préhistoriques de disposer d'assez de réserves entre deux temps de chasse.

**« Un esprit sain dans un corps sain »**
Cette expression de Juvénal, poète satirique latin, est encore largement utilisée et décrit un idéal : celui de l'harmonie parfaite entre le corps et l'esprit par une bonne santé mentale et physique.

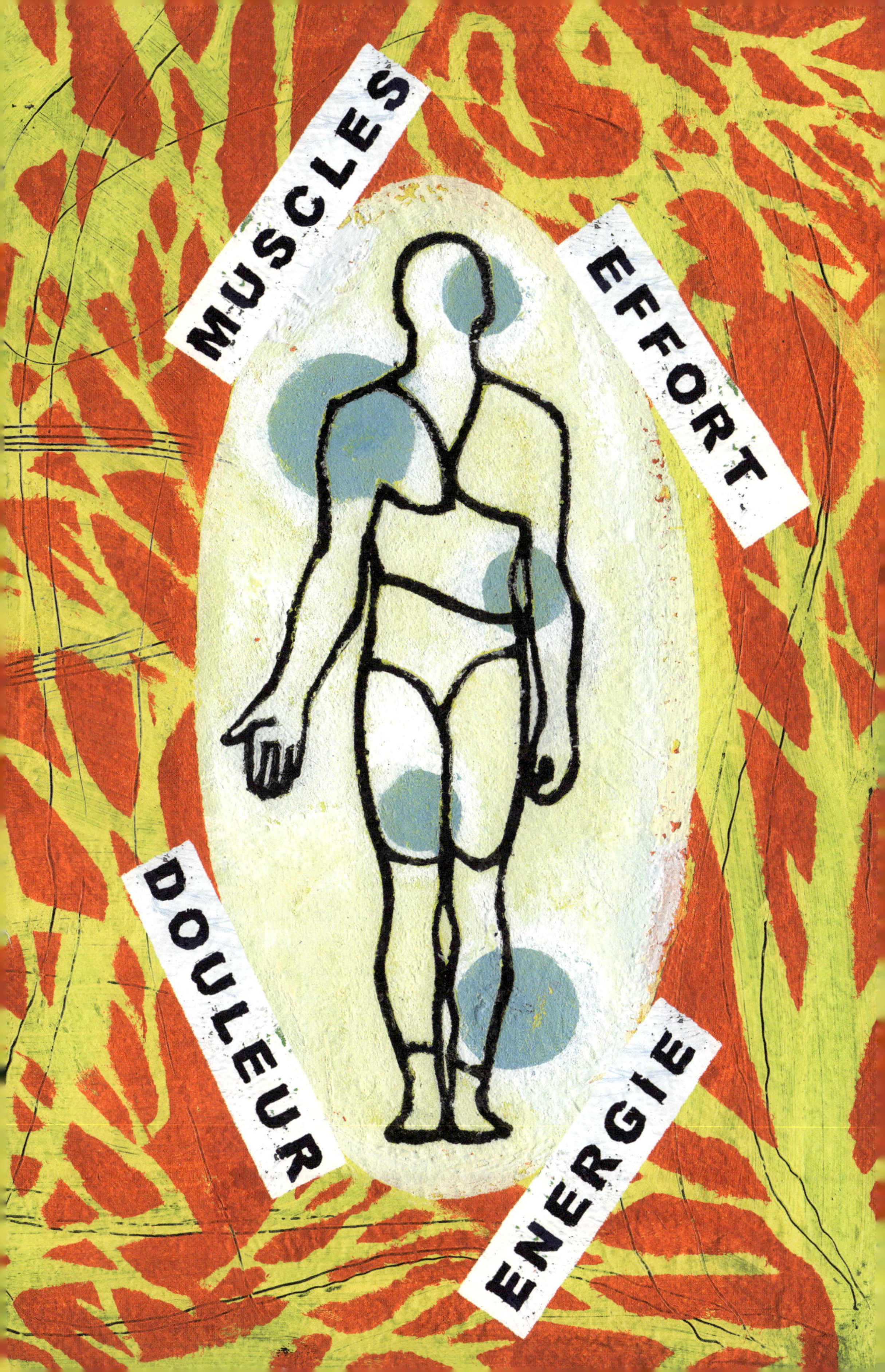
MUSCLES
EFFORT
DOULEUR
ENERGIE

# LES LIVRES

**Quand on est un garçon, est-ce qu'on peut faire de la danse ?**
*Billy a 12 ans et vit dans une ville minière du nord de l'Angleterre. Dans sa famille, les garçons font de la boxe de père en fils. Mais Billy découvre la danse classique et se passionne pour cet art. Il va dorénavant devoir pratiquer sa passion en cachette.*

« La danse, c'est comme une drogue, vous savez. J'y ai pensé toute la semaine. Un et deux et plié et tendu. Je l'entendais qui me disait de faire ci ou ça. Quand on prend ces drôles de positions avec les bras et les jambes, c'est comme une note de musique. On la tient, elle est suspendue dans les airs… et puis, zou ! elle s'évanouit dans le reste de la mélodie.
Ouais, c'est intéressant. Le seul problème, c'est que ça fait un peu femmelette. Franchement ! Lève les bras chochotte, et deux, trois, quatre. Et tends la jambe comme une fillette, et cinq, six, sept et gna, gna, gna…
Non, vraiment. Vous imaginez la tête de mon père ! Et Tony ! Ils seraient fous ! Sans rire, à quoi ça me servirait, ces pirouettes, au fond de la mine ? »

• Melvin Burgess, *Billy Elliot*, Gallimard, coll. « Folio Junior », 2001.

**Une fille peut-elle courir plus vite qu'un garçon ?**
*Atalante a 13 ans. Fille unique du roi Chonée élevée par les nymphes, elle court plus vite que toutes ses mères adoptives. À son retour au palais de Chonée, elle décide qu'elle n'épousera que celui qui sera capable de la battre à la course, ce qui rend son mariage peu probable…*

« Au son de la trompe, Atalante et Hippomène s'élancèrent. Tous les habitants de Termessos étaient réunis sur les gradins. Et ils étaient tous fins connaisseurs du style de leur princesse. On observa qu'elle partait très vite. Elle semblait particulièrement en forme. Sa foulée était longue, déliée, souple et joyeuse. Apparemment, elle avait décidé d'imposer, dès le départ, un rythme très rapide à la course. Elle remontait régulièrement sur son adversaire. Encore un qui n'avait aucune chance. Il allait se faire pulvériser…

Elle le rejoignit au tiers du quatrième tour. Et là, alors que tout semblait joué, à la grande surprise des spectateurs, elle ralentit. Les deux adversaires couraient maintenant côte à côte. Que se passait-il ? La princesse avait-elle trop présumé de ses forces et fourni un effort excessif dans les premiers tours ? Une crampe est toujours possible et les meilleurs athlètes peuvent se laisser surprendre... Toute l'assistance suivait ce dernier tour avec passion, le souffle suspendu... »

• Anne-Sophie Silvestre, *Atalante*, Flammarion, coll. « Castor poche », 2003.

**Et s'il était indispensable de savoir danser pour devenir quelqu'un d'important ?**

*Monsieur Jourdain, un bourgeois ignorant et vaniteux, prend une leçon de danse et de maintien. Son maître à danser et son maître de musique se moquent de lui et inventent des explications invraisemblables pour lui faire penser que leur enseignement est indispensable.*

« MAÎTRE À DANSER : Il n'y a rien qui ne soit si nécessaire aux hommes que la danse.
MAÎTRE DE MUSIQUE : Sans la musique, un État ne peut subsister.
MAÎTRE À DANSER : Sans la danse, un homme ne saurait rien faire.
MAÎTRE DE MUSIQUE : Tous les désordres, toutes les guerres qu'on voit dans le monde n'arrivent que pour n'apprendre pas la musique.
MAÎTRE À DANSER : Tous les malheurs des hommes, tous les revers funestes dont les histoires sont remplies, les bévues des politiques, et les manquements des grands capitaines, tout cela n'est venu que faute de savoir danser.
MONSIEUR JOURDAIN : Comment cela ? [...]
MAÎTRE À DANSER : Lorsqu'un homme a commis un manquement dans sa conduite, soit aux affaires de sa famille, ou au gouvernement d'un autre État, ou au commandement d'une armée, ne dit-on pas toujours : « Un tel a fait un mauvais pas dans une telle affaire » ?
MONSIEUR JOURDAIN : Oui, on dit cela.
MAÎTRE À DANSER : Et faire un mauvais pas peut-il procéder d'autre chose que de ne savoir pas danser ?

MONSIEUR JOURDAIN : Cela est vrai, vous avez raison tous deux.
MAÎTRE À DANSER : C'est pour vous faire voir l'excellence et l'utilité de la danse et de la musique.
MONSIEUR JOURDAIN : Je comprends tout cela à cette heure. »

• Molière, *Le Bourgeois gentilhomme.*

**Et si le sport de combat cachait une quête plus profonde…**
*Rutger apprend très jeune la boxe dans son orphelinat aux Pays-Bas. En grandissant, il se tourne vers les arts martiaux. Au cours d'une bagarre, il prend conscience de son désir d'approfondir sa connaissance de ces arts, et part apprendre auprès de différents maîtres.*

« Je regardais ces hommes – celui que j'avais atteint au menton saignait d'une large coupure qui béait comme des lèvres entrouvertes. Pour les béotiens, mais aussi pour la majorité des pratiquants, sortir vainqueur d'une confrontation de ce genre est une finalité. C'est la justification de l'entraînement. Je parle de ceux qui s'exercent à des arts martiaux de combat, non à ces sortes de danses ritualisées qui n'ont de martial que le nom.
Mais ceux à qui les victoires suffisent s'arrêtent au tout début du chemin. Un art martial, ce n'est pas cela. Il faut le sentir, les discours ne servent à rien.
Tandis qu'accourait le patron de la brasserie, je ramassai les couteaux en surveillant les hommes ivres, et je savais que ce vers quoi je tendais, comme l'avait suggéré Isobe sensei, n'était pas un succès remporté dans une minable bagarre de bar. »

• Jean-François Chabas, *La Boxe du grand accomplissement*, L'École des loisirs, coll. « Médium », 2004.

**Ou encore, si la danse cachait un sport de combat…**
*Salvador de Bahia, Brésil. Pablo, orphelin, fait l'acrobate afin de gagner de quoi survivre. Contraint d'entrer dans une école de* capoeira *pour payer une dette, il est un jour remarqué par le maître, Seu Deodoro, pour sa souplesse et son tempérament. Il va devoir se « battre » contre le terrible João.*

« João attaque de nouveau avec un enchaînement de coups de pied et de coups de poing au visage : queixada, rabo-de-arraia, galopante. Pablo se plaque au sol, rebondit comme un ressort, enchaîne deux roues et un salto arrière. Ses voltiges respirent la liberté et le bonheur. Il lance même un coup de pied qui frôle le visage de João.
Pablo paraît intouchable.

Le rythme de la musique s'accélère, celui des cœurs aussi. Le maître, les yeux mi-clos, observe le combat sans broncher. Sebastiano tape dans ses mains pour encourager son compagnon.
Le regard de João lance des éclairs. Le débutant n'est pas encore K-O. João écume. Plus coriace qu'il ne le croyait, Pablo le moins-que-rien, Pablo la chaîne au pied, Pablo le seau, Pablo la serpillière, le ridiculise devant toute l'académie. Seu Deodoro ne s'est pas trompé dans son choix : le garçon des rues deviendra un grand capoeiriste.»

• Yves-Marie Clément, *Pablo à la vie à la mort*, Rageot Éditeur, coll. « Cascades », 2000.

**Peut-on être aujourd'hui un sportif de haut niveau sans se confronter au problème du dopage ?**

*Londres, 2064. Easy Linker a 13 ans. Il est sous contrat avec les Gunman Reds, le plus prestigieux club anglais de football. Il découvre que les joueurs sont soumis à un dopage intensif et va essayer de se tirer de ce cercle infernal.*

« Randal le fusilla du regard. « Apparemment vous n'avalez pas régulièrement vos comprimés, lui lança-t-elle. (Elle tapota sur les feuilles de papier posées devant elle, sur le bureau.) Il semble même que vous ne les preniez jamais. C'est stupide. (Sa voix paternaliste devint presque amicale, attentive.) Pourquoi n'avalez-vous pas vos suppléments alimentaires et vos tonifiants musculaires ? Vous ne voulez pas devenir un joueur professionnel ? »
Le sourire de Randal était presque aussi chaleureux que celui de sa mère. Easy sentit le danger. « Bien sûr que je veux passer pro. J'ai toujours rêvé de jouer pour les Gunman Reds. C'est juste que... (Il chercha à imaginer une raison convaincante.) ... j'ai quelques problèmes à avaler les pilules. J'ai peur de m'étouffer. Je sais que c'est ridicule...»

• Neil Arksey, *Shoot !*, Hachette Jeunesse, 2002.

# LA LOI SE DISCUTE

## L'État et le sport

Concernant le sport, en France, la droite prône une pratique libre avec des fédérations très indépendantes, l'État apportant uniquement un soutien financier et matériel, tandis que la gauche souhaite renforcer l'intervention et le contrôle de l'État dans le but de favoriser l'accès au sport pour le plus grand nombre. En 1984, alors que la gauche est au pouvoir, un projet de loi concernant l'organisation et la promotion des activités physiques et sportives est discuté à l'Assemblée nationale.
Ce projet vise par exemple à consolider la tutelle de l'État sur les fédérations scolaires et universitaires ou encore à renforcer la formation des professionnels du sport, et il est destiné à remplacer la loi Mazeaud (issue de la droite) de 1975.

**Mme Edwige Avice, du parti socialiste, ministre déléguée au Temps libre, à la Jeunesse et aux Sports :**
Mon vœu est que le texte que vous allez examiner soit, par les réformes de structure qu'il contient, par la grande responsabilité accordée au mouvement sportif dont la mission de service public est reconnue, par les aménagements au bénéfice des sportifs de haut niveau, par la place reconnue à l'éducation physique et sportive, au sport scolaire et au sport dans l'entreprise, un maillon essentiel de notre politique en faveur d'un sport plus libre, plus fraternel au service de l'homme et de ses projets.

**M. Christian Bergelin, du RPR, Rassemblement pour la République, s'oppose au projet de loi et demande que la proposition de loi soit retirée et non votée :**
Nous souhaitons un sport libre dans une société responsable. [...] L'étatisation du sport et son alignement sur la doctrine politique d'un gouvernement sont des faits particulièrement nets dans les régimes totalitaires, qu'ils soient fascistes, nazis ou communistes. [...] Nous refusons catégoriquement ce schéma, car la finalité du sport n'est pas l'État, c'est l'homme. [...]

**M. Zarka, du parti communiste, s'oppose à la demande de M. Bergelin et à la politique de la droite en matière de sport, qu'il accuse :**
N'avez-vous pas taillé dans les aides sportives, culturelles ou de jeunesse, supprimé des locaux et des moyens, licencié des personnels ? [...]
Vous voudriez donc que nous poursuivions sur la lancée de votre politique sportive catastrophique

dont les effets néfastes continuent de se faire sentir.

**M. Jacques Toubon, du RPR, intervient :**
Expliquez-nous, M. Zarka, comment vous faites des sportifs avec les chômeurs que vous avez créés !

[Exclamations sur les bancs des socialistes et des communistes.]

**M. Zarka :**
En plus de vos défauts, M. Toubon, vous n'avez aucune dignité ! [...] La droite – la loi Mazeaud en a fait la démonstration – [voit] le sport comme une concession qu'il faut faire la plus petite possible, ou alors comme un luxe rattaché aux loisirs des couches les plus aisées de la société. Mais « sport à l'entreprise », « sport à l'école » sont à ses yeux des notions qui véhiculent trop d'exigence et d'égalité des possibilités d'accès au sport, des notions qu'elle a tellement bafouées que même le sport de haute compétition en a souffert. Pour nous, pour la gauche, il n'y a pas d'épanouissement des individus sans une politique qui prenne en compte toutes les dimensions de la personnalité et donc qui réponde à tous les besoins.

**M. Roger Corrèze :**
Le goulag !

**M. Pierre Zarka :**
En vérité, lorsque nous parlons sport, nous le faisons avec le même esprit que lorsque nous voulons défendre l'emploi !

**M. Jacques Toubon :**
C'est ça qui nous inquiète ! Si vous réussissez aussi bien, nous sommes bien partis !

La loi sera finalement votée et approuvée le 16 juillet 1984 avec plusieurs amendements.

# LA LOI BOUGE

## 1869
La gymnastique à l'école

## 1923
L'éducation physique

VERS LE SPORT À L'ÉCOLE

### 1869-1882 : la gymnastique à l'école… c'est d'abord pour préparer des soldats

En France, tout va mal… La guerre contre les Prussiens est sur le point d'être perdue à Sedan (**1870**) et on commence à penser que les jeunes Français devraient être mieux entraînés pour être capables de défendre leur pays en cas de nouvelle guerre. Afin de développer leur force physique, un **décret du 3 février 1869** instaure l'enseignement de la gymnastique (constitué principalement d'exercices et d'entraînement militaires, sur le modèle de l'armée) dans les écoles normales d'instituteurs, les lycées, les collèges et les écoles primaires communales. Ce décret a eu peu d'effets dans la pratique. En **1880**, sous la pression de l'armée et des hommes politiques, qui redoutent une nouvelle guerre et une nouvelle défaite, la loi Georges est votée. Cette loi rend obligatoire l'enseignement de la gymnastique (qui ressemble toujours beaucoup à des exercices militaires) à l'école pour les garçons. **Entre 1880 et 1882** sont également votées les grandes lois de Jules Ferry sur l'école laïque et obligatoire pour les garçons et les filles de 6 à 13 ans. Toujours valable aujourd'hui, la loi sur l'enseignement primaire dit que la gymnastique fait partie de l'enseignement obligatoire pour les garçons et les filles.

### Le 20 juin 1923 : la gymnastique devient l'éducation physique

Les enseignants et les médecins s'inquiètent beaucoup de la santé des élèves qui vivent dans des conditions très difficiles. On décide alors, par les **Instructions officielles du 20 juin 1923**, de redéfinir les objectifs de l'exercice physique à l'école : les préoccupations militaires et de défense cèdent la place à des préoccupations médicales et de santé. Ainsi l'éducation physique vient-elle répondre à un besoin de réforme de la vie des élèves : il s'agit de lutter contre le surmenage, la fatigue, et de développer les qualités physiques, la force de la jeunesse.

### Le 22 mai et le 6 août 1937 : création des activités de plein air

En **1937**, deux arrêtés créent et rendent obligatoire une demi-journée de plein air et de loisir dirigé. Pour la première fois, les activités sportives et de plein air (excursions, promenades, jeux…) doivent être développées. Ces arrêtés bouleversent la vie scolaire : c'est l'entrée des loisirs et du sport à l'école.

### Le 4 octobre 1958 : l'éducation physique au baccalauréat

En **1958**, une loi rend l'épreuve d'éducation physique obligatoire au baccalauréat. C'est un grand pas en avant pour l'éducation physique, dont l'importance est alors véritablement reconnue et qui a désormais le même statut que les autres matières.

### Le 1er juin 1961 : une demi-journée de sport obligatoire

En **1961**, une circulaire transforme la demi-journée de plein air en une demi-journée de sport obligatoire. Par cette circulaire, il est aussi imposé aux enseignants de préparer et d'organiser des compétitions sportives, ce qui est tout à fait nouveau.

### Le 21 août 1962 : l'« éducation physique » devient l'« enseignement du sport »

L'entrée du sport dans l'enseignement de l'éducation physique s'accélère. La **circulaire de 1962** réorganise complètement le cadre et le contenu de l'éducation physique (EP) scolaire : les exercices physiques (assouplissements, sauter, grimper, etc.) laissent la place à l'enseignement des activités sportives, qui vont occuper les deux heures d'éducation physique et sportive hebdomadaires. L'objectif n'est plus la santé mais la connaissance et la maîtrise des sports, puisqu'il faut « donner aux élèves le maximum de connaissances techniques et d'entraînement physique », affirme la circulaire. L'EPS est née !

**Depuis 1962**, l'EPS a connu d'autres évolutions, mais le caractère sportif de l'éducation physique n'a plus jamais été remis en question. L'une des autres grandes dates de l'histoire de l'EPS est **1981**, année où la discipline a été rattachée au ministère de l'Éducation nationale. Elle dépendait jusque-là du ministère de la Jeunesse et des Sports.

# HISTOIRE DES JEUX OLYMPIQUES

*Les jeux Olympiques modernes sont un ensemble de compétitions sportives qui ont lieu tous les quatre ans (le terme olympiade désigne ainsi une période de quatre ans). Quinze siècles séparent les jeux antiques des jeux modernes.*

ATHÈNES PARIS CHAMONIX AMSTERDA

## Les jeux Olympiques antiques

**776 av. J.-C. :** Les premiers jeux Olympiques ont lieu à Olympie, en Grèce. Pendant près de douze siècles ils sont célébrés sans qu'aucun événement ne vienne troubler leur déroulement. Ces jeux ont un caractère sacré et louent la gloire de Zeus. Ils ne comportent à l'origine qu'une seule épreuve : une course à pied autour du stade (180,7 mètres). Les Jeux sont au début exclusivement réservés à des concurrents grecs n'ayant commis aucun crime et respectant la religion. Après la conquête de la Grèce par les Romains, des non-Grecs peuvent y participer.
**680 av. J.-C. :** L'épreuve de course de chars à quatre chevaux est intégrée aux Jeux. Ce sport deviendra le sport roi de l'Empire romain.
**392 apr. J.-C. :** Les jeux Olympiques sont interdits par l'empereur Théodose. Les chrétiens trouvaient que les jeux étaient une institution païenne.

## Les jeux Olympiques modernes

Les jeux Olympiques ont eu lieu tous les quatre ans depuis 1896, sauf lors des deux guerres mondiales.
**1896 :** Premiers jeux Olympiques modernes à Athènes.
**1900 :** Jeux de Paris. Pour la première fois, des femmes prennent part aux Jeux, mais seulement dans deux sports, le tennis et le golf.
**1924 :** Premiers Jeux d'hiver à Chamonix.
**1928 :** Jeux d'Amsterdam.
Les femmes sont admises aux épreuves d'athlétisme et de gymnastique.
La flamme olympique est allumée pour la première fois.
**1936 :** Les jeux Olympiques de Berlin sont les premiers organisés par un état totalitaire. Les équipes y ont défilé devant les dignitaires du régime hitlérien, certaines n'hésitant pas à faire le salut nazi, comme l'équipe de France…
**1948 :** Jeux de Londres. Les premiers organisés depuis 1936. L'Allemagne et le Japon, les perdants de la Seconde Guerre mondiale, n'ont pas été invités.
**1968 :** Jeux de Mexico. Lors d'une cérémonie, Tommie Smith et John Carlos lèvent un poing ganté de noir, symbole du *Black Power*, un mouvement qui radicalise la révolte pacifiste engagée par Martin Luther King et qui lutte pour la reconnaissance des droits des Noirs américains.

BERLIN LONDRES MEXICO MUNICH SÉOUL ATLANTA

**1972 :** Jeux de Munich. Des athlètes israéliens sont pris en otage par des Palestiniens qui réclament la libération de prisonniers politiques détenus en Israël. Bilan : onze membres de l'équipe israélienne, cinq des huit terroristes et un policier allemand sont tués.
**1988 :** Jeux de Séoul. Le Canadien Ben Johnson remporte la victoire au 100 mètres contre Carl Lewis et bat le record du monde de cette discipline. Mais cet exploit sera par la suite annulé pour cause de dopage.
**1996 :** Jeux d'Atlanta. Pour accueillir les JO du centenaire, la ville américaine l'emporte sur Athènes, pourtant site historique des Jeux. Certains virent dans ce choix du CIO (Comité international olympique) le triomphe de l'argent sur les valeurs prônées par Pierre de Coubertin.

### Pierre de Coubertin

Pierre de Coubertin est à l'origine du rétablissement des jeux Olympiques en 1896. Théoricien de l'éducation, il était convaincu de l'importance de l'éducation physique dans la formation de l'individu. Il s'efforça de développer le sport pour la jeunesse, notamment par la création de nombreuses sociétés sportives. Il dirigea le CIO jusqu'en 1925.

### Le Comité international olympique

Le CIO est une organisation non gouvernementale à but non lucratif créée par Pierre de Coubertin en 1894 pour réinstaurer les jeux Olympiques et organiser cet événement sportif tous les quatre ans. Il est composé de 115 membres (athlètes, anciens athlètes, présidents de fédération…) qui se réunissent au moins une fois par an, et élisent un président pour une durée de huit ans. Jacques Rogge est président depuis 2001. Le CIO désigne les villes (élues à la majorité absolue) qui accueilleront les Jeux.

### Les emblèmes olympiques

Le drapeau représente 5 anneaux entrelacés (bleu, jaune, noir, vert et rouge), symbolisant « l'union des cinq continents et la rencontre des athlètes du monde entier ».
La devise est *Citius, Altius, Fortius* : « Plus vite, plus haut, plus fort ».
La flamme olympique existe depuis 1928 et symbolise le lien entre les jeux antiques et les jeux modernes.

# LES SPORTS TRADITIONNELS DANS LE MONDE

*Certains sports sont issus de pratiques traditionnelles, religieuses ou politiques et sont porteurs d'une signification culturelle. Leur pratique soulève parfois des polémiques et des questions éthiques ou politiques.*

JAPON | BRÉSIL | EUROPE | POLYNÉSIE | ESPAGN

## LES ARTS MARTIAUX JAPONAIS

Les arts martiaux japonais (le karaté, le judo, l'aïkido, le kung-fu, etc.) tirent leur origine des techniques et de l'esprit des samouraïs japonais. L'art de ces guerriers à la vie très austère exigeait qu'ils maîtrisent au moins le tir à l'arc, l'art de la lance, l'escrime, l'équitation et la natation ! Cependant, ils développaient en même temps que ces techniques une importante spiritualité fondée sur les pensées bouddhiste et zen. Aujourd'hui, les arts martiaux sont devenus des sports. Selon des sociologues, c'est justement cet aspect spirituel qui expliquerait leur succès, notamment en Occident. Au Japon, ils connaissent un engouement beaucoup moins important !

## LA CAPOEIRA

La *capoeira* est un art martial dansé avec un accompagnement musical. Elle est née au XVIe siècle, lorsque des esclaves d'Angola furent amenés au Brésil par des négriers. N'étant pas autorisés à pratiquer leur technique de combat, ils dissimulaient leurs exercices guerriers en faisant semblant de danser. Comme les esclaves portaient des chaînes, la *capoeira* utilise le plongeon au sol pour éviter l'adversaire, et, pour attaquer et se défendre, les coups de pied et de tête. Ce qui est aujourd'hui une activité sportive et de loisir a longtemps abouti à la mort d'un des combattants.

## LA DANSE CLASSIQUE : ALLER PLUS PRÈS DU CIEL

Lorsque la religion chrétienne est devenue officielle, l'Église a interdit les anciennes danses rituelles, les jugeant trop animales et estimant qu'elles donnaient trop d'importance au corps. Le ballet, à l'origine de la danse classique moderne, apparaît à la Renaissance. Il cherche à élever le corps vers le ciel grâce à sa nouvelle technique (des pas, des sauts,

PORTUGAL FRANCE AMÉRIQUE LATINE CALIFORNIE

des ports de bras, etc.) pour montrer que l'homme est une créature de Dieu dotée de raison. Cette idée se voit renforcée au XIX$^{e}$ siècle avec le ballet romantique et l'invention des pointes : la danseuse ne sera retenue au sol que par un tout petit rond au bout de son chausson.

## LE SURF, UNE HISTOIRE POLYNÉSIENNE

Le surf, originaire de Polynésie, est pratiqué depuis de nombreux siècles par presque tous les Polynésiens.
À l'aide d'une planche de bois appelée « papa faahee » (la première planche répertoriée date de 1808, elle mesurait 5 mètres et pesait 100 kilos), ils glissaient sur les vagues. Le surf pouvait aussi être une épreuve réservée aux postulants au trône.
En 1778, l'explorateur James Cook a rapporté avoir observé cette pratique aux îles Sandwich (aujourd'hui îles Hawaï). Les autochtones pratiquaient le surf presque nus et les missionnaires, choqués, l'interdirent au moment de la colonisation. Ce n'est qu'au début du XX$^{e}$ siècle que le surf fut à nouveau pratiqué, puis développé par les Américains.

## LA CORRIDA

La corrida, sous sa forme actuelle, est née en Espagne, au XVIII$^{e}$ siècle. Elle est également pratiquée au Portugal, dans le Sud de la France, en Amérique latine et en Californie. Mais depuis l'Antiquité, les hommes se sont confrontés de diverses manières à la puissance du taureau.
Une corrida se déroule en trois parties (*tercios*) : l'intervention des picadors (à cheval) et des *peones* (à pied) qui plantent les banderilles (piques), le travail du matador à l'aide d'un tissu rouge (*muleta*), puis l'estocade avec une épée.
Malgré des lois européennes qui interdisent la cruauté envers les animaux, la corrida est tolérée car il s'agit d'une très ancienne tradition.

# ADRESSES

*Voici où se renseigner pour continuer des recherches...*

## LES INSTITUTIONS

**Assemblée nationale**
Service de documentation de l'Assemblée nationale
126, rue de l'Université
75007 Paris
Tél. 01 40 63 69 82
www.assemblee-nationale.fr

Pour avoir toutes les informations officielles sur le sport, les fédérations sportives, les associations et l'éducation physique et sportive :

**Ministère de la Jeunesse et des Sports**
95, avenue de France
75013 Paris
Tél. 01 40 45 90 00
www.jeunesse-sports.gouv.fr

**Institut national du sport et de l'éducation physique (INSEP)**
11, avenue Tremblay
75012 Paris
Tél. 01 41 74 41 00
www.extra-campus-insep.com

**Ministère de l'Éducation nationale**
110, rue de Grenelle
75007 Paris
Tél. 01 55 55 10 10

## LE DOPAGE : POUR EN PARLER

**Les antennes médicales**
Une antenne médicale de lutte contre le dopage (AMLD) a été mise en place dans chaque région. Ces structures sont les centres de référence régionaux de la lutte contre le dopage. Ils ont pour missions d'informer et de prévenir sur les questions relatives au dopage.

Pour trouver l'adresse de l'antenne médicale de sa région :
www.santesport.gouv.fr/contenu/contacts/antennes_medicales.asp

**N° vert Écoute dopage :**
0 800 15 2000
Pour parler à une personne informée quand on se sent concerné par le dopage et pour être orienté vers une personne extérieure qui peut apporter des informations et de l'aide.

## POUR CONTINUER SES RECHERCHES

**Le musée national du Sport**
Le musée national du Sport propose des expositions au sujet des grandes manifestations et des pratiques sportives, de l'art et du sport, de l'histoire des équipements.
2, rue du Commandant-Guilbaud
75016 Paris
Tél. 01 40 71 45 48

## LE HANDISPORT

La Fédération française handisport est une association reconnue d'utilité publique. Elle est membre du Comité national olympique français et du Comité international paralympique. La fédération regroupe 550 clubs et 25 000 pratiquants ; 45 sports de loisir, de compétition et de pleine nature sont proposés, et 17 disciplines sont représentées aux jeux Paralympiques.
Pour avoir des renseignements sur le sport adapté aux personnes handicapées et pour trouver les coordonnées du comité régional ou départemental près de chez soi :

**Fédération française handisport**
42, rue Louis-Lumière
75020 Paris
Tél. 01 40 31 45 00
www.handisport.org

## LES SECTIONS SPORTIVES

Les jeunes de la sixième à la terminale qui ont un bon niveau dans une discipline sportive peuvent vouloir intégrer leur activité sportive à leur scolarité. En France, certains établissements proposent des sections sportives. Elles sont organisées au niveau régional. Il faut donc, pour tout renseignement, s'adresser au rectorat de sa région, ou à la direction de la Jeunesse et des Sports de son département. On peut aussi demander conseil à la fédération sportive du sport pratiqué.

# LEXIQUE

*Que veulent dire ces mots ?*

A B C D E F G H I

**A**

**Abroger**
Annuler une loi existante (ce que peut faire l'Assemblée nationale).

**Annonceur**
Personne ou entreprise qui paie pour insérer une annonce dans un journal, ou pour faire passer un message publicitaire.

**Appareil cardiovasculaire**
Système comprenant le cœur et les vaisseaux responsables de la circulation du sang dans le corps.

**Arrêté**
Décision prise par une autorité administrative (par exemple la municipalité).

**Association**
Mise en commun permanente des activités ou des intérêts communs partagés par plusieurs personnes dans un but non lucratif (qui ne rapporte pas d'argent). Légalement, la possibilité de créer une association est définie par la loi du 1er juillet 1901.

**B**

**Boycotter**
Condamner quelque chose, ne pas y participer.

**C**

**Circulaire**
Lettre en plusieurs exemplaires qui sont expédiés aux personnes concernées.

**Corporatisme**
Doctrine qui considère les groupements professionnels (par exemple, regroupements de mêmes métiers) comme la structure essentielle de l'organisation de la société et de l'économie.

**D**

**Discrimination**
Fait de traiter les gens de façon différente selon leur origine. On parle de discrimination raciale ou sociale, et parfois de discrimination positive, lorsqu'un groupe moins représenté est favorisé pour corriger une inégalité.

**E**

**Éthique**
Terme philosophique qui désigne la « science de la morale », la recherche de ce qui est « juste » ou « bien ».

**Ethnologie**
Étude des faits et documents recueillis lors de l'étude de divers groupes humains, de leur physique, de leur langue, de leur comportement social.

**Éthologie**
Science des comportements des espèces animales dans leur milieu naturel.

# J K L M N O P Q...

F

**Fédération**
Association de plusieurs sociétés, clubs, partis politiques, syndicats, groupés sous une autorité commune.

H

**Hyperthermie**
C'est le mot scientifique qui désigne la fièvre.

**Hypertrophie**
Augmentation du volume d'un organe, avec ou sans altération anatomique.

I

**Infarctus (du myocarde)**
Lésion du cœur provoquée par un spasme prolongé, ou par un caillot dans une artère.

L

**Légion d'honneur**
Ordre national hiérarchisé, créé par Bonaparte en 1802 pour récompenser les services civils et militaires. Le président de la République peut décerner plusieurs titres de la Légion d'honneur, dont celui de chevalier (mais aussi ceux d'officier, de commandeur...).

P

**Pédiatre**
Médecin spécialiste des maladies infantiles.

**Pentathlon**
Sport pratiqué par les athlètes grecs et romains dans l'Antiquité et qui comprenait cinq exercices : saut en longueur, course de 200 mètres, course de 1 500 mètres, lancer de disque et lancer de javelot.

S

**Ségrégation**
Fait de mettre à part une certaine catégorie de personnes et de leur ôter leurs droits (par exemple, on peut parler de ségrégation raciale lorsque dans un même pays, des personnes de couleur différente n'ont pas les mêmes droits que les autres et ne peuvent se mélanger à eux).

**Syndicat**
Association de personnes qui défendent leurs intérêts communs. Par exemple, il existe des syndicats d'ouvriers et des syndicats patronaux.

## Dans la même collection

N° 1 - MA MÈRE SE REMARIE !
*La famille recomposée*

N° 2 - MON COPAIN A VOLÉ
*L'interdiction du vol*

N° 3 - J'AI ÉTÉ RACKETTÉ
*Le racket, un acte de violence*

N° 4 - ON A TROUVÉ UN CHIEN
*Les droits des animaux*

N° 5 - FILLES = GARÇONS ?
*L'égalité des sexes*

N° 6 - POURQUOI ON MEURT ?
*La question de la mort*

N° 7 - POURQUOI JE VAIS À L'ÉCOLE ?
*L'obligation scolaire*

N° 8 - C'EST TROP CHER
*Pourquoi la pauvreté ?*

N° 9 - À NOUS LA TERRE ?
*L'environnement et l'homme*

N° 10 - QU'EST-CE QU'IL A ?
*Le handicap*

N° 11 - C'EST DE LA DROGUE !
*Produits psychoactifs et dépendance*

## série "Société"

**N° 12 - POURQUOI LA GUERRE ?**
*Explication et fonctionnement de la guerre*

**N° 13 - RESPECTE-MOI !**
*Civilité et incivilité*

**N° 14 - POURQUOI ON PARLE FRANÇAIS ?**
*La question des langues en France et dans le monde*

**N° 15 - LES SCIENTIFIQUES SONT-ILS FOUS ?**
*Clonage et manipulations du vivant*

**N° 16 - ILS L'ONT DIT À LA TÉLÉ...**
*L'information dans les médias*

**N° 17 - C'EST DE FAMILLE !**
*Héritage et transmission familiale*

**N° 18 - ILS S'AIMENT**
*Sentiment amoureux et sexualité*

**N° 19 - ET TOI, TU ES FRANÇAIS OU ÉTRANGER ?**
*La nationalité, la nation et l'identité*

**N° 20 - EST-ON OBLIGÉ DE CROIRE EN DIEU ?**
*La question des religions et de la laïcité*

**N° 21 - C'EST QUOI ÊTRE MALADE ?**
*Santé, maladie et médecine*

**N° 22 - C'EST PAS JUSTE !**
*La justice et les lois*